FRANZ MARC

Tiere unterm Regenbogen

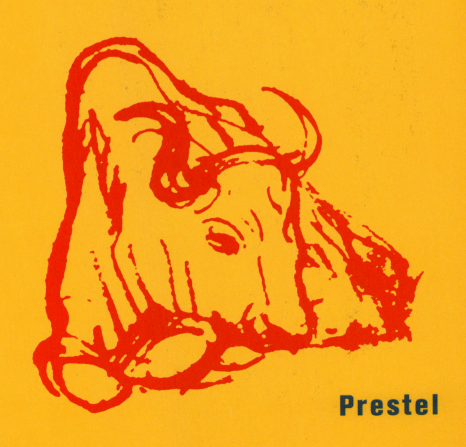

Prestel

Franz Marc ist berühmt geworden als der Maler der Tiere.

Tiere waren ihm lieber als Menschen, denn die Unvernunft vieler Menschen hatte ihn enttäuscht. Er glaubte, daß Tiere klüger seien. Sie wollen die Natur nicht beherrschen oder sogar zerstören. Sie fügen sich in die Natur ein und sind ein Teil von ihr.

Manchmal zeigt Franz Marc in seinen Bildern Tiere unter einem Regenbogen wie dieses blaue Pferd.

Weil der Regenbogen von der Erde bis in die Wolken reicht, gilt er als Brücke zwischen Erde und Himmel.
Deshalb malten zum Beispiel im Mittelalter die Künstler Jesus Christus oft mit einem Regenbogen.

Die Tiere stehen in Franz Marcs Augen dem Himmel und dem Paradies am nächsten.

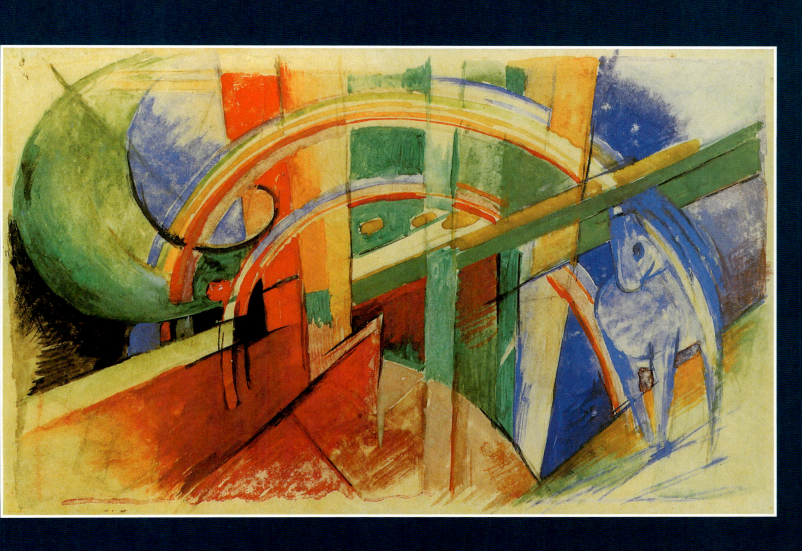

Maler, die vor allem Tiere darstellten, hatte es schon früher gegeben. In der Kunstakademie in München war sogar eine besondere Klasse nur für Tiermalerei eingerichtet. Dort lehrte Professor Heinrich von Zügel, von dem dieses Bild stammt.

Franz Marc dagegen wollte sich in die Tiere hineinversetzen.
Deshalb malte er sie ganz anders als die Maler vor ihm.

Dieses Bild von seinem

Hund

hatte er zuerst „So sieht mein Hund die Welt" genannt.

Franz Marcs Hund Russi ist von hinten zu sehen. Wir schauen ihm über die Schulter. Deshalb können wir uns vorstellen, wir seien an seiner Stelle und blickten mit seinen Augen in die Landschaft.
Früher hatten Maler nur Menschen so dargestellt, zum Beispiel hier der Maler Anselm Feuerbach eine Frauengestalt aus der griechischen Sage.
Wie bei dem Bild von Russi folgen wir ihrem sehnsuchtsvollen Blick in die Ferne.

Heinrich von Zügel, *Der weiße und der schwarze Schäferhund*

Heinrich von Zügel interessierte an den Schäferhunden ihr Körperbau, das Spiel des Lichtes auf ihrem Fell und dessen Farbe und Weichheit.
Er malte das, was er sah.

Anselm von Feuerbach, *Iphigenie*

Bei Marc sind die Farben von Erde, Gras und Tannen viel leuchtender und bunter, als in Wirklichkeit.

Wichtig sind die dunklen Bögen, die er um den Kopf des Hundes gemalt hat. Sie wiederholen sich gelb in den Hügeln und rot über den Felsen. Auf diese Weise verschmelzen Körper und Landschaft. So zeigt uns Franz Marc, daß das Tier mit der Natur eine Einheit bildet.

Russi war für Franz Marc ein
beliebtes Modell.
Hier sieht man ihn schlafend
im Schnee.

Einmal wurden Russi und
Franz Marc von dessen
Freund August Macke
zusammen gezeichnet.

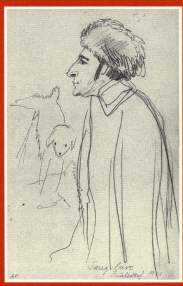

August Macke, *Franz Marc mit
seinem Hund Russi*

Franz Marc und Maria
mit Hund Russi

6

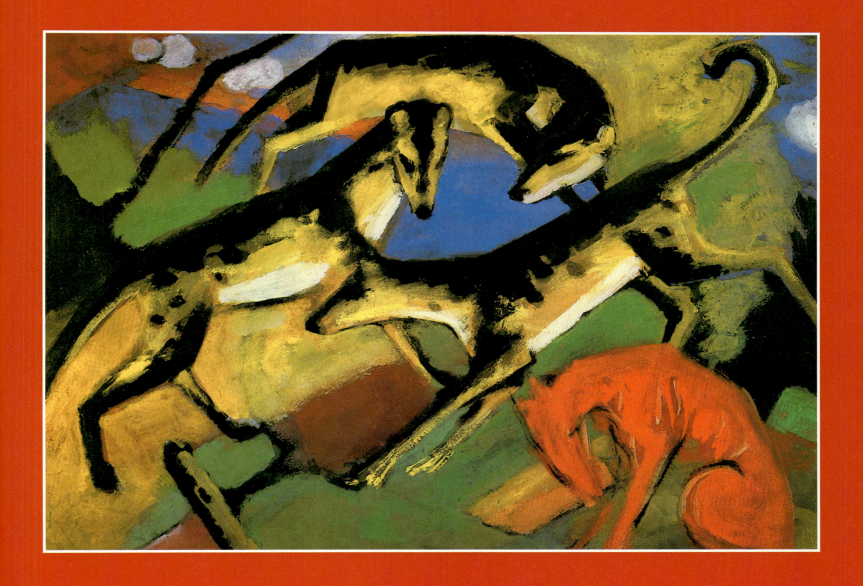

Auch die verspielten gelben Hunde mit den schwarzen Flecken passen sich gut in ihre Umgebung ein. Die Unterseite ihres Fells hat fast die gleiche Farbe wie die gelben Flächen ringsum. Das Schwarz wiederholt sich dort ebenfalls. Die Baumzweige links unten und oben sehen den Beinen und Schwänzen der Tiere zum Verwechseln ähnlich.

Nur der rote Hund, dessen Farbe noch einmal links oben im Bild auftaucht, darf offensichtlich nicht mitspielen. Während die anderen munter quer durch das Bild springen, sitzt er still mit gesenktem Kopf am unteren Bildrand.

Seine neue Art, Tiere zu malen, mußte Franz Marc erst langsam entwickeln. Zu Anfang probierte er verschiedene Möglichkeiten aus, die er anderen Malern abgeschaut hatte.

Bei den zwei

Katzen

auf dem roten Tuch verwendete er sehr helle und sehr kräftige Farben. Jeder einzelne Pinselstrich ist zu erkennen, vor allem in den Streifen des Tuches und im Grün des Hintergrundes.

Diese Malweise hatte Franz Marc bei Vincent van Gogh kennengelernt, dessen Bilder ihm von seiner zweiten Reise nach Paris und einer Ausstellung in München noch frisch in Erinnerung waren.

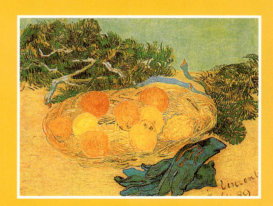

Vincent van Gogh, *Stilleben mit Früchtekorb und Handschuhen*

Vier Jahre später, 1913, sehen Katzenbilder von Franz Marc ganz anders aus.

Die drei Katzen hier scheinen sehr unterschiedlich zu sein. Die schwarz-weiße ist die jüngste und munterste. Wir sehen sie zuerst, weil sie mitten durch das Bild springt. Ihre Hinterpfötchen zeigen in Richtung der Tigerkatze rechts. Diese scheint mit ihren Schlitzaugen und der aufmerksam lauernden, S-förmig gebogenen Körperhaltung listig und gefährlich zu sein. Die gelb-schwarzen Streifen wirken wie ein Warnsignal. Das Violett rechts neben ihr läßt das Gelb noch stärker hervortreten. Dagegen ist die große Katze in der Mitte sanft und ruhig. Als rotes Dreieck leuchtet ihr Fell vor dem Grün des Hintergrundes.

Rote Katzen kommen in der Natur nicht vor. Franz Marc aber wollte die Tiere nicht mehr einfach abmalen. Die Farben, die er den Tieren gab, hatten für ihn bestimmte Bedeutungen. Rot hielt er für eine weibliche Farbe. Möglicherweise ist die rote Katze ein Muttertier.

Auch **TIGER** zählen zu den Katzen.

Dieser hier wirkt noch gefährlicher als die getigerte Katze auf Seite 9.
Aufmerksam blickt er nach links. Sicher hat er dort gerade etwas erspäht, das sich bewegt!

Sein Körper besteht aus vielen Dreiecken und Vierecken, die sich im ganzen Bild fortsetzen.
Es erscheint wie aus farbigen Kristallen gebaut.

Gelb und Blauviolett, Rot und Grün bringen sich gegenseitig zum Strahlen.
Das kommt daher, daß Violett der Gegensatz von Gelb und Rot der Gegensatz von Grün ist.
Man nennt das Komplementärfarben.

Machen wir einen Test und schauen einige Sekunden genau auf das rote Dreieck!

Wenn man dann auf die weiße Papierfläche daneben blickt, tanzt dort ein grünes. Die Augen sind vom Rot ermüdet, und um sich einen Ausgleich zu schaffen, gaukeln sie sich die entgegengesetzte Farbe, nämlich Grün, vor. Wäre das Dreieck hier grün, würde man hinterher ein rotes sehen, wäre es gelb, ein violettes und umgekehrt. Zwei Komplementärfarben ergeben im Malkasten zusammengemischt ein unauffälliges Graubraun. Doch nebeneinander erscheinen sie besonders kräftig.

Deckt man einmal mit einem Stückchen weißem Papier den großen roten Fleck unter dem Tiger ab, leuchtet das grüne Viereck daneben längst nicht mehr so stark.

Den drei Pferden oben gab Franz Marc die warme, erdverbundene Farbe Rot. Er zeigte sie in ganz verschiedenen Körperhaltungen. Das linke Pferd wendet uns den Kopf zu, das mittlere sehen wir von schräg hinten, und das rechte neigt den Kopf, um zu grasen.

Würde man eine Linie ziehen vom äußeren Huf des linken Pferdes zum Kopf des mittleren, von dort zum äußeren Hinterhuf des rechten Pferdes und wieder zurück zum linken, so ergäbe sich ein Dreieck.
Sicher hat Franz Marc die drei Pferde nicht genauso auf der Weide stehen sehen. Er hat sie nur für das Bild dreiecksförmig angeordnet. Früher malten die Künstler oft Gruppen von Frauen in Paradieslandschaften auf diese Weise. Franz Marc aber zog es vor, Tiere zu malen. Nur sie waren es seiner Meinung nach wert, im Paradies zu leben. Vielleicht, so glaubte er, können uns die Tiere helfen, es wiederzufinden.

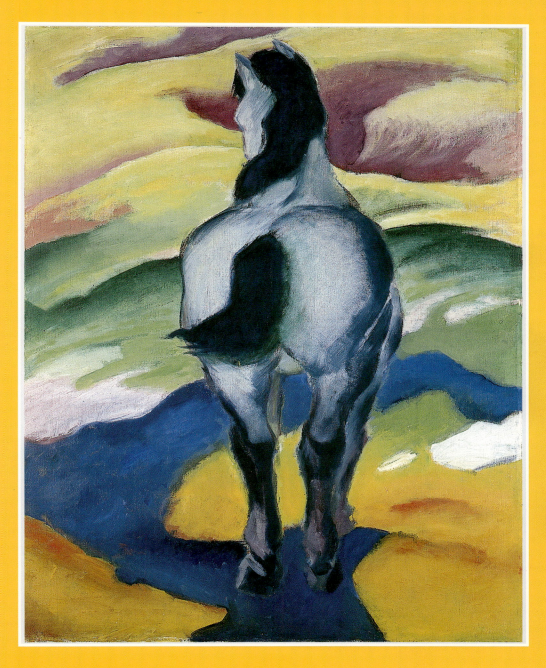

Pferde

waren Franz Marc besonders wichtig.
Als er 1911 mit Wassily Kandinsky und anderen Malerfreunden eine Künstlergruppe gründete, nannten sie sich „Der Blaue Reiter".

Was mag Franz Marcs blaues Pferd denken?

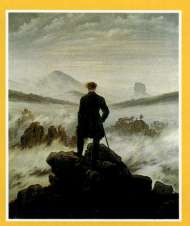

Caspar David Friedrich, *Der Wanderer über dem Nebelmeer*

Es schaut über die Weite der Landschaft wie der Wanderer, den Caspar David Friedrich gemalt hat, über das Nebelmeer.
Die blaue Farbe des Pferdes soll uns zeigen, daß es mehr zum Himmel als zur Erde gehört.

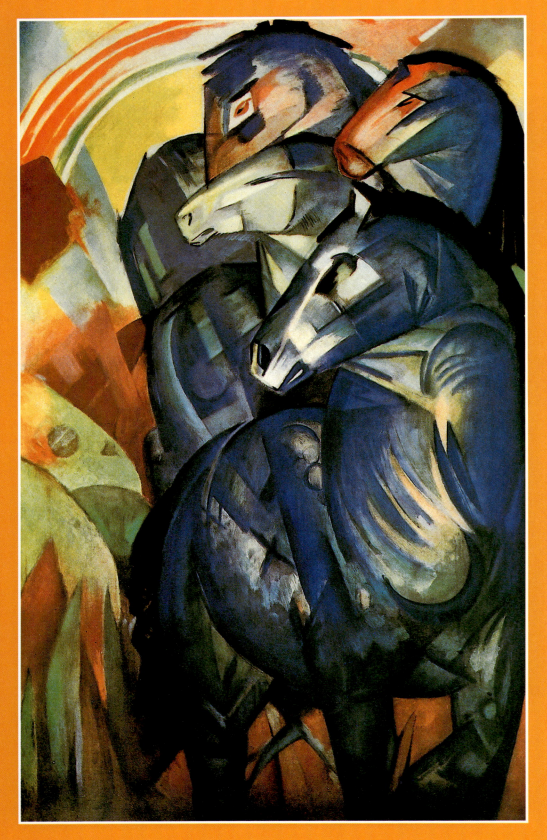

„Der Turm der
blauen Pferde"
ist sehr berühmt geworden.

Die Tiere haben mächtige
Körper.
Sie stehen alle hintereinander
und wenden ihre Köpfe in
eine Richtung. Deshalb sehen
sie stark und entschlossen
aus. Über ihnen wölbt sich
der Regenbogen. Das vordere
Roß trägt auf der Brust als
Himmelszeichen eine Mond-
sichel.

Leider ist das Bild im
Zweiten Weltkrieg verloren-
gegangen. Glücklicherweise
gibt es noch diese farbige
Aufnahme davon.

Hier versuchte Franz Marc sich vorzustellen, was ein Pferd träumt.
Das sollen die Kreise links oben andeuten, die ein bißchen wie Seifen- oder Sprechblasen aussehen. Offensichtlich erscheint dem schlafenden Tier gerade ein anderes Pferd im Traum.

Franz Marc hatte nicht nur seinen Hund Russi, den er sehr liebte, sondern auch zwei

Rehe

Er wußte, daß Rehe stets wachsam sein und sich ihren Lagerplatz mit Bedacht auswählen müssen, um draußen überleben zu können.

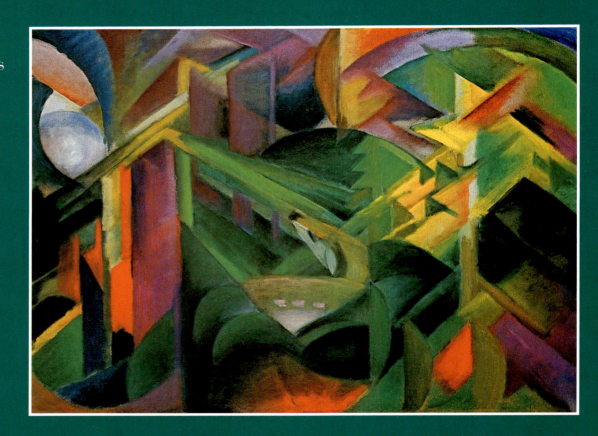

Das Reh im Klostergarten versteckt sich fast genau in der Mitte des Bildes. Es hat ein hellbraunes Fell mit weißen Flecken. Die Pflanzen des Gartens und die rote Klostermauer links schützen es. Bei Gefahr könnte es nach rechts in Richtung der gelben Strahlen fliehen.

16

Diese Rehe sehen wie eine richtige Familie aus.
Ihre Körperformen sind den Formen der Landschaft angeglichen, nur die Köpfe mit den dunklen Augen und Schnauzen heben sich ab.

Ausgelassen springt die gelbe **Kuh** mit lustig blauen Flecken durch die Landschaft. Ihren Kopf hat sie hoch erhoben, wir meinen fast, sie muhen zu hören.

Gelb war für Franz Marc die Farbe der Sanftmut. Die Körperformen und die Biegung des Schwanzes der gelben Kuh sind weich und rund. Wellen von blauen Bergen und orangegelben, roten und grünen Wiesen begleiten sie.
Ganz im Gegensatz dazu stehen die schwarzen Stämme und die spitzen Blätter der Pflanzen unter ihr. Im Hintergrund weiden drei rote Kühe.

Der **Stier**

Franz Marc, *Der Stier*

ruht sich friedlich zwischen den blauvioletten und leuchtendgrünen Pflanzen aus. Er ist zu einem kugelförmigen Knäuel zusammengerollt. Nur die rote Umrandung seines Auges und sein knallrotes Hinterteil deuten vielleicht darauf hin, daß der kleine Stier auch mal ganz schön frech und streitlustig sein kann.

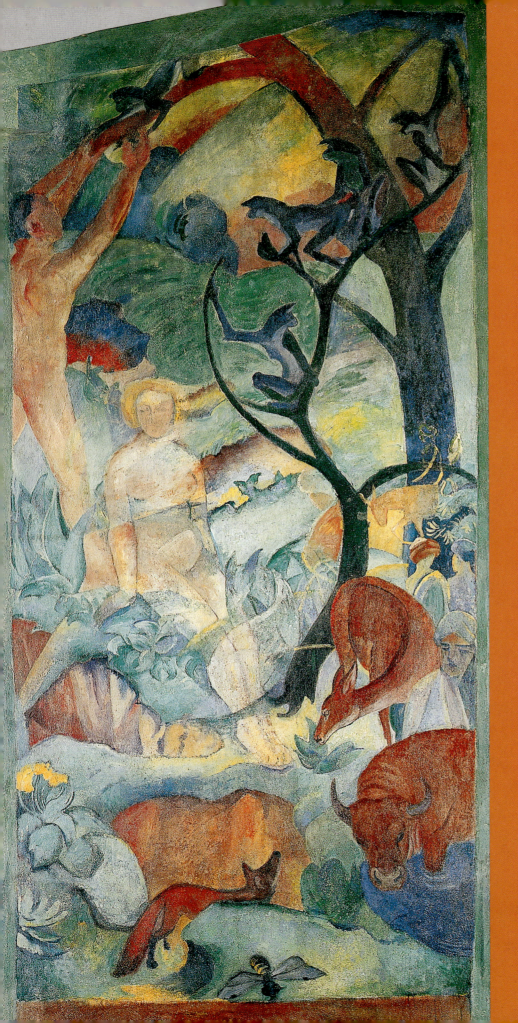

Anfang Februar 1911 bekam Franz Marc Post aus Bonn von dem Maler August Macke. Sein Freund berichtete darin, daß der Umbau seines Hauses bald fertig sei und er in einer Woche in sein neues Atelier einziehen werde. Der Brief ist unterzeichnet mit „August in den Kalkwänden". Franz Marc schrieb am 14. Februar zurück: „Viel Glück in's neue Atelier! Behalte eine Kalkwand für mich auf!" Er wollte nämlich mit seinem Freund eine der Wände des neuen Ateliers bemalen.

Im Herbst 1912 war es dann endlich soweit.

Franz Marc reiste nach Bonn, um August Macke zu einer gemeinsamen Fahrt nach Paris abzuholen. Nach ihrer Rückkehr im Oktober begannen die beiden Freunde, auf Mackes Atelierwand ein Paradiesbild zu malen:

Eva sitzt in der Mitte. Adam, der links in der oberen Bildhälfte steht, greift gerade nach einem **Äffchen**,

das sich mit anderen Artgenossen in den Zweigen der Bäume tummelt. Die beiden Menschen hat wahrscheinlich August Macke gemalt, genau wie die vier Figuren rechts, von denen eine auf einem **Esel** reitet. Sie gehören eigentlich gar nicht ins Paradies. Aber so wörtlich genau haben es die beiden Freunde nicht genommen.

Die Tiere – der **Fuchs**, die Wespe, der Wasserbüffel, das Reh und die spielenden Äffchen – sind natürlich von Franz Marc.

Im Lauf der Zeit wurden in Franz Marcs Bildern die Farben und Formen kräftiger. Die Tiere verschwinden richtig darin. Man muß schon genau hinschauen, um sie noch erkennen zu können. So wird unser Blick hier weniger von den Pferden als vielmehr von den Linien angezogen, die das Bild senkrecht und diagonal durchschneiden.

In dem Gemälde rechts stehen
sich zwei große Farbmassen
gegenüber, die an kein Tier
und an keinen bekannten
Gegenstand mehr erinnern.

Das Blauschwarz bildet eine
fast geschlossene runde Form.
Das Rot greift mit spitzen,
hakenförmigen Strahlen nach
allen Seiten aus.
Beide scheinen sich gegenseitig zu bekämpfen.

Und doch, wenn man die rote
Form ganz genau betrachtet,
erkennt man plötzlich einen
Adler, der dem schwarzen
Knäuel angriffslustig seinen
gebogenen Schnabel und
seine Krallen entgegenstreckt!

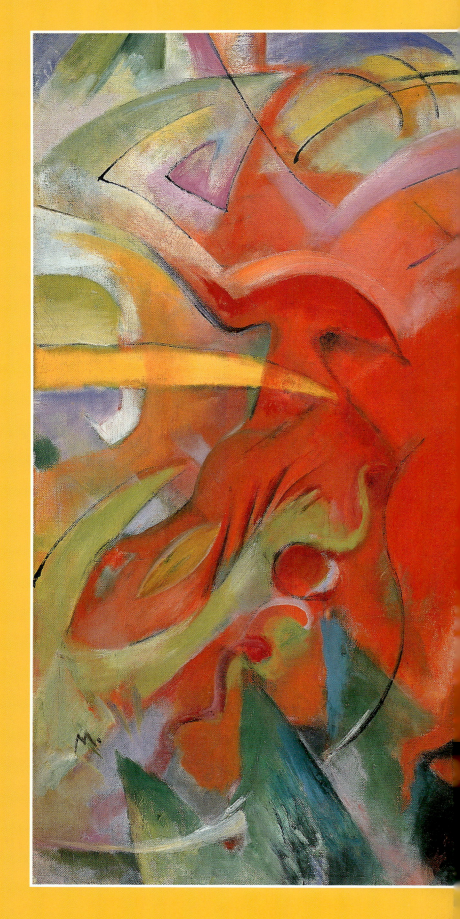

24

SEIN LEBEN

Am 8. Februar 1880 wurde Franz Marc in München geboren. Er hatte noch einen drei Jahre älteren Bruder mit Namen Paul.
Nach dem Abitur in München wollte Franz eigentlich evangelischer Pfarrer werden, denn er war sehr gläubig und ernst. Aber zunächst mußte er zum Militärdienst, wie damals alle jungen Männer. Nachdem er von dort nach Hause zurückgekehrt war, überlegte er es sich anders: Er wollte Maler werden.
Und so begann er mit 21 Jahren, 1901, sein Studium an der Münchner Kunstakademie. Dort lernte er zum Beispiel, wie die Körper und der Knochenbau von Menschen und Tieren aussehen und wie man sie richtig zeichnet und malt. Zwei Jahre lang studierte er dort.

Häufig unternahm Franz Marc Reisen, um große Museen zu besuchen. 1903 verbrachte er den ganzen Sommer in Frankreich.
Die französische Hauptstadt Paris war damals für Künstler die wichtigste Stadt der Welt. Jeder, der ein guter Maler oder Bildhauer werden wollte, versuchte, dorthin zu kommen. In den Pariser Museen konnten die

Franz Marc, um 1913

berühmtesten Bilder bewundert werden, und die Stadt wimmelte von jungen Künstlern mit neuen Ideen.

Am wohlsten fühlte sich der Maler auf dem Land, auf der Staffelalm und in Lenggries, einem kleinen Dorf in den bayrischen Alpen.

Postkarte von Franz Marc an seine Mutter

Dort konnte er in Ruhe die Landschaft malen und vor allem die Tiere, die ihm auf Schritt und Tritt begegneten. Seine Freundin und spätere Ehefrau Maria Franck, die ebenfalls Malerin war, begleitete ihn, wann immer sie konnte. 1910 zog Franz Marc ganz aus München fort, nach Sindelsdorf,

Geburtstag von Maria, Lenggries 1908

das ungefähr 50 km entfernt liegt. Natürlich fuhr er trotzdem oft in die Stadt, um sich wichtige Ausstellungen anzusehen oder selbst daran teilzunehmen. Und er traf sich mit seinen Kollegen und Freunden. Aber er bekam auch Besuch auf dem Land – von Wassily Kandinsky und dessen Freundin Gabriele Münter, die beide einige Zeit ganz in der Nähe, in Murnau, wohnten, oder von dem Maler August Macke aus Bonn.

1914 kaufte Franz Marc dann für sich und Maria ein eigenes Haus in Ried bei Benediktbeuern.

Das Haus der Marcs in Ried

26

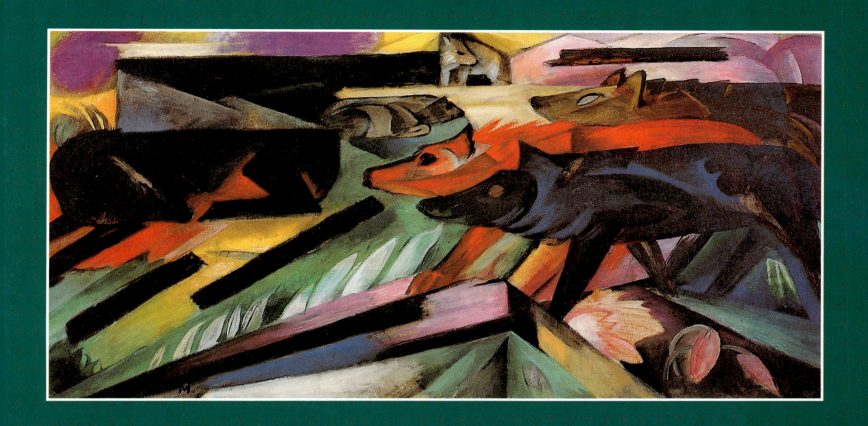

Wölfe

So farbig und fröhlich viele Bilder Franz Marcs erscheinen – er lebte in einer schwierigen und traurigen Zeit.
Schon 1912/13 hatte es auf dem Balkan Krieg gegeben. Die Wölfe, die hier hungrig und böse vorwärtsstürmen, sind ein Hinweis darauf.

Im August 1914 begann der Erste Weltkrieg. Franz Marc wurde Soldat. Wie viele Menschen damals, die glaubten, der Krieg würde schnell mit einem Sieg Deutschlands enden, meldete er sich sogar freiwillig an die Front.
Der Krieg wurde schlimmer, als man sich jemals hatte vorstellen können.
Am 4. März 1916 kam Franz Marc mit 36 Jahren in Frankreich durch eine Granate ums Leben.

Heute wohnen in Franz Marcs ehemaliger Wohnung in Sindelsdorf und in seinem Haus in Ried andere Leute. Aber in der Nähe, in Kochel, wo er auch begraben ist, hat man ihm in einer Parkvilla ein schönes Museum eingerichtet. Dort kann man Gemälde und Zeichnungen, Holzschnitte und Skulpturen von ihm besichtigen.

August Mackes Haus in Bonn, in dem er mit Franz Marc eine Wand seines Ateliers bemalte, ist heute auch ein Museum. Das Wandbild, das auf Seite 20 abgebildet ist, befindet sich jedoch nicht mehr dort. Vor vielen Jahren sägte man die Wand am Stück heraus und brachte sie ins Museum nach Münster in Westfalen. Dort ist das Gemeinschaftswerk der beiden Maler zu bewundern. An das Atelier erinnern nur noch die schräge obere Kante und der Mauervorsprung links oben.

Besonders viele Bilder von Franz Marc sind in der Städtischen Galerie im Lenbachhaus in München ausgestellt. Dort hängen außerdem viele schöne Gemälde von Marcs Künstlerfreunden aus der Gruppe „Der Blaue Reiter", von der auf Seite 13 die Rede war. Wer sich dafür interessiert, kann in folgendem Buch, das ebenfalls in der Reihe „Abenteuer Kunst" erschienen ist, mehr über diese Künstlergruppe und ihre Bilder erfahren: *Der Blaue Reiter*, von Doris Kutschbach, München 1996.

Die Bilder in diesem Buch

Umschlagvorderseite
Tiger, 1912. Öl auf Leinwand, 111 x 111,5 cm. Städtische Galerie im Lenbachhaus, München

Titelseite
Elefant, 1907. Kreide, 41,5 x 32,8 cm. Hamburger Kunsthalle, Kupferstichkabinett

Katze, 1908. Bleistift, 12,7 x 12,5 cm. Franz-Marc-Museum, Kochel

Detail aus *Liegender Stier*, 1913. Kreide, 20 x 12,5 cm. Dr. Erhard Kracht, Norden

Seite 2
Pferdchen, Detail aus Entwurf zum Katalog des „Ersten Deutschen Herbstsalons", 1913. Kreide, gewischt, 12 x 15 cm. Bayerische Staatsgemäldesammlungen, Nachlaß Stangl, München

Seite 3
Blaues Pferd mit Regenbogen (Blaues Pferd in Landschaft), 1913. Aquarell, Gouache und Bleistift auf Papier, 16,2 x 25,7 cm. The Museum of Modern Art, New York, John S. Newberry Collection

Seite 4
Heinrich von Zügel, *Der weiße und der schwarze Schäferhund*, 1894. Öl auf Leinwand, 100 x 160 cm. Privatbesitz

Anselm Feuerbach, *Iphigenie*, 1871. Öl auf Leinwand, 192,5 x 126,5 cm. Staatsgalerie Stuttgart

Seite 5
Der weiße Hund (Hund vor der Welt), nach Mitteilung von Maria Marc zuerst genannt: „So sieht mein Hund die Welt"), 1912. Öl auf Leinwand, 111 x 83 cm. Privatsammlung, Schweiz

Seite 6
Liegender Hund im Schnee, 1910-11. Öl auf Leinwand, 62,5 x 105 cm. Städelsches Kunstinstitut, Frankfurt am Main

August Macke, *Franz Marc mit seinem Hund Russi*, vermutlich September 1910. Bleistift, 19 x 11,8 cm (Skizzenbuch Nr. 7, S. 20), beschriftet von Elisabeth Macke: „Franz Marc Sindelsdorf 1911". Westfälisches Landesmuseum für Kunst und Kulturgeschichte, Münster

Franz und Maria Marc mit dem Hund Russi in Sindelsdorf, zwischen 1910 und 1912. Fotografie. Archiv Klaus Lankheit

Seite 7
Spielende Hunde, um 1912. Tempera auf Pappe, 38,1 x 54,6 cm. Busch-Reisinger Museum, Harvard University, Cambridge, Massachusetts

Seite 8
Katzen auf rotem Tuch, 1909-10. Öl auf Leinwand, 50,5 x 60,5 cm. Privatbesitz

Katze unten links aus *Zwei Katzen*, 1913. Tusche, 12 x 15 cm. Privatbesitz

Vincent van Gogh, *Stilleben mit Früchtekorb und Handschuhen*, Januar 1989. Öl auf Leinwand, 48 x 62 cm. Sammlung Mr. und Mrs. Paul Mellon, Upperville, Virginia

Seite 9
Drei Katzen, 1913. Öl auf Leinwand, 72 x 101 cm. Kunstsammlung Nordrhein-Westfalen, Düsseldorf

Seite 10
Tiger, 1911. Tuschezeichnung, 10 x 17 cm. Museum für Kunst und Kulturgeschichte der Hansestadt Lübeck

Seite 11
Tiger, 1912. Öl auf Leinwand, 111 x 111,5 cm. Städtische Galerie im Lenbachhaus, München

Seite 12
Weidende Pferde IV (Die roten Pferde), 1911. Öl auf Leinwand, 121 x 182,9 cm. Privatbesitz

Seite 13
Blaues Pferd II, 1911. Öl auf Leinwand, 113 x 86 cm. Kunstmuseum Bern, Stiftung Othmar Huber

Caspar David Friedrich, *Der Wanderer über dem Nebelmeer*, um 1817. Öl auf Leinwand, 94,8 x 74,8 cm. Hamburger Kunsthalle

Seite 14
Der Turm der Blauen Pferde, 1913. Öl auf Leinwand, 200 x 130 cm. Verschollen

Seite 15
Träumendes Pferd, 1913. Aquarell, 39,6 x 46,8 cm. The Solomon R. Guggenheim Museum, New York

Seite 16
Reh im Klostergarten, 1912. Öl auf Leinwand, 75,7 x 101 cm. Städtische Galerie im Lenbachhaus, München

Drei Rehe, 1908. Lithographie, 13 x 9,5 cm

Seite 17
Rehe im Walde I, 1913. Öl auf Leinwand, 100,9 x 104,7 cm. The Phillips Collection, Vermächtnis Katherine S. Dreier, 1953, Washington

Seite 18
Die gelbe Kuh, 1911. Öl auf Leinwand, 140,6 x 189,2 cm. The Solomon R. Guggenheim Museum, New York

Seite 19
Der Stier, 1911. Öl auf Leinwand, 101 x 135 cm. The Solomon R. Guggenheim Museum, New York

Der Stier, 1912. Holzschnitt, 15,9 x 21,8 cm

Detail aus *Liegender Stier*, 1913. Kreide, 20 x 12,5 cm. Dr. Erhard Kracht, Norden

Seite 20
Franz Marc und August Macke, *Paradies*, Oktober 1912. Öl auf Putz, ca. 398 x 181 cm. Westfälisches Landesmuseum für Kunst und Kulturgeschichte, Münster

Seite 21
Affen, seitenrichtiges und spiegelverkehrtes Detail aus einer Postkarte an Else Lasker-Schüler vom 13.4.1913. Tusche, Aquarell und Deckfarben, 14,1 x 9,1 cm.

Bayerische Staatsgemäldesammlungen, Schenkung Sofie und Emanuel Fohn, München

Seite 22/23
Stallungen, 1913. Öl auf Leinwand, 73,5 x 157,5 cm. The Solomon R. Guggenheim Museum, New York

Seite 24/25
Kämpfende Formen, 1914. Öl auf Leinwand, 91 x 131,5 cm. Bayerische Staatsgemäldesammlungen, München

Seite 26
Franz Marc, um 1913. Fotografie

Geburtstag von Maria Franck, Lenggries 1908. Fotografie

Postkarte von Franz Marc an seine Mutter

Das Haus von Franz Marc in Ried bei Benediktbeuern, 1914. Fotografie

Seite 27
Die Wölfe (Balkankrieg), 1913. Öl auf Leinwand, 70,8 x 140 cm. Albright-Knox Art Gallery, Charles Clifton, James G. Forsyth and Charles W. Goodyear Funds, Buffalo, New York

Seite 29
Szene mit exotischen Tieren, Entwurf zu einem Mal- und Bilderbuch, 1908

Umschlagrückseite
Das Äffchen, 1912. Öl auf Leinwand, 70,4 x 100 cm. Städtische Galerie im Lenbachhaus, München